Inhalt

Einführung in die Astrologie

Wir »modernen« Menschen leben heute in einer Welt der Wissenschaften, genauer gesagt in einer Welt der Naturwissenschaften. Mathematik, Physik, Chemie und Biologie bestimmen und erklären unser Leben auf dem Planeten Erde. Die Naturwissenschaften erheben den Anspruch, alles deuten und erklären zu können: wie das Universum entstanden ist, auf Grundlage welcher Gesetze der Kosmos und alles in ihm »funktioniert«, warum ein reifer Apfel vom Baum auf die

Erde und nicht die Erde auf den Apfel fällt – der Raum und sein Inhalt, die Zeit und ihr Maß: Wir glauben an die hundertprozentige Richtigkeit naturwissenschaftlicher Gesetze.

Warum? Weil Naturwissenschaftler ihre Annahmen und Voraussagen beweisen können. Zunächst beobachten sie Phänomene, beschreiben sie und bilden dann eine Hypothese über die Wahrscheinlichkeit der diesen Abläufen zugrunde liegenden Gesetze. Wenn sich dann, wieder und wieder bei Beobachtungen in freier Natur oder bei einem Versuchsaufbau im Labor bei gleichen Rahmenbedingungen, exakt die gleichen Abläufe ergeben, werden ein Phänomen und die daraus folgende wissenschaftliche Hypothese zum Gesetz. So ist unsere Welt erklärbar geworden und überdies »sicher«, da wir modernen Menschen ja wissen, wie sie in sich funktioniert. Das macht sie »übersichtlich«, das reduziert ihre erschreckende Komplexität.

Die starke Suggestionskraft, die von den Errungenschaften der Naturwissenschaften auf den menschlichen Geist und das menschliche Weltverständnis ausgeht, rührt jedoch auch vom Willen des Menschen, sein Schicksal selbst zu bestimmen. Der geistige Emanzipationsprozess, der im Zeitalter der Aufklärung im 17. und 18. Jahrhundert einsetzte und die menschliche Vorstellungskraft von Mythen und starren religiösen und ideologischen Vorurteilen befreite, läutete den Siegeszug der Naturwissenschaften ein.

Gleichwohl übt die Astrologie nach wie vor eine hohe Anziehungskraft auf die Menschen aus. Das war auch bereits vor zwei oder drei Jahrtausenden so. Verfügten nicht auch bereits die Babylonier, die Sumerer, die »alten« Ägypter, Griechen und Römer, dazu Chinesen und Inder, Azteken, Maya und weitere Indiovölker in Zentral- und Mittelamerika, über hervorragende mathematische, physikalische und astronomische Kenntnisse? Und alle diese Völker und Kulturen waren vom Blick ins nächtliche Firmament, von den flimmernden Sternen und dem Gang der Planeten fasziniert. Somit ist es nicht überraschend, dass auch heute noch viele Menschen an Erkenntnissen der Astrologie interessiert sind. Die »Errungenschaften« der Naturwis-

senschaften werden im Zeitalter der Atombombe und des Klonens menschlicher und tierischer Genome nicht mehr nur positiv gewertet.

Das ist *ein* Grund für die aktuelle Anziehungskraft der Astrologie, die viel mit Psychologie zu tun hat, mit einer Wissenschaft, die menschliches Verhalten interpretiert und deutet. In der Astrologie allerdings wird menschliches Leben ganzheitlich verstanden, als »Fluss« eines Ganzen, das in einen biophysikalischen, biochemischen und kosmologischen Rahmen eingebettet ist. Wichtig für das Verständnis und den Zugang zur Astrologie ist die Kombination der *Astro*nomie mit der Psycho*logie*. Aus beiden wird die *Astrologie*, die die fest gefügten Bahnen der Planeten und die Strukturen der Sterne mit der menschlichen Seele und ihrem Schicksal in Zusammenhang setzt.

Diese Definition ist jedoch sehr allgemein. Bei genauer Betrachtung basiert der Grundgedanke der Astrologie auf der Überzeugung, dass die Rhythmen in unserem Sonnensystem, die geprägt werden durch den Stand der Sonne, die Umlaufbahn des Mondes um unser Zentralgestirn und den Gang der Planeten, Einfluss haben auf biologische, chemische und psychische Prozesse auf unserer Erde. Die Gestirne und ihr

Rhythmus, mit dem sie sich im Verhältnis zur Erde bewegen, üben einen Einfluss, einen »kosmischen Reiz« auf die Seele der Lebewesen aus, allerdings weit komplizierter und weniger offensichtlich zu beobachten als zum Beispiel der Gezeitenwechsel von Ebbe und Flut, der durch den Abstand des Mondes zur Erde und durch den Wechsel der Jahreszeiten erzeugt wird. Die kosmischen Reize sind es also, mit denen sich die Astrologie vornehmlich beschäftigt.

Dabei sind Astrologen davon überzeugt, dass kosmische Reize ähnlich wirken wie beispielsweise die Wetterfühligkeit auf gesundheitlich sensible Menschen. Manche dieser Reize aktivieren charakterliche Eigenschaften und Verhaltensweisen, andere hingegen dämpfen sie. Das heißt: Eine ganz spezifische Konstellation der Gestirne determiniert Typus und Werdegang jedes Menschen. Dabei erzwingen die Konstellation der Sterne und andere kosmische Reize aber weder die Geburt noch das Schicksal eines Menschen, sie »reizen« lediglich und geben einen Impuls. Der Kirchenvater Thomas von Aquin drückte diesen Zusammenhang so aus: *»Die Sterne machen geneigt, sie zwingen nicht.«*

Die wichtigste Ausdrucksform der Astrologie ist die Erstellung eines Horoskops. Das Wort stammt von dem altgriechischen *horoskopos* und bezeichnet den im Osten aufsteigenden Tierkreisgrad; das Wort ist zusammengesetzt aus dem Substantiv *hora*, die »Stunde«, und dem Verb *skopein*, »sehen, schauen, erkennen«. Das Horoskop ist die Arbeitsgrundlage der Astrologie, eine grafische Darstellung der bestimmten Konstellation der Gestirne zum genauen Zeitpunkt der Geburt eines Menschen, bezogen auf seinen Geburtsort. Mit den berechneten Daten (die Konstellation der Gestirne relativ zum Beobachter auf der Erde) versucht die Astrologie den Einfluss der kosmischen Reize zu bestimmen.

In dieser Buchreihe geben wir unseren Lesern die Instrumente an die Hand, um möglichst zuverlässige Aussagen über die jeweilige Konstellation der Sterne treffen zu können. Dazu zählen genaue Charakteristiken der Tierkreiszeichen, ihre Partnerschaften sowie Informationen über den Einfluss des Aszendenten und des Mondes auf jedes Sternbild. Und nicht zuletzt unterrichten wir Sie über berühmte Vertreter jedes Tierkreiszeichens, über Mythen, die sich um die Sternbilder ranken, und ihre charakteristischen Vorlieben für Metalle, Farben, Steine, Tiere, Pflanzen und Düfte. Gleichermaßen eine informative und unterhaltsame Lektüre!

Schütze

Persönlichkeit, Vorlieben, Beruf und Karriere, Freundschaft

Die Schütze-Frau

Eine ihrer hervorstechenden Eigenschaften ist ihre Ehrlichkeit. Sie ist häufig auch noch in Situationen ehrlich und sagt ihre Meinung offen heraus, in denen andere den Mund halten, weil sie befürchten, eventuell etwas Falsches zu sagen. Ja, sie ist sehr geradlinig und kann einfach nicht hinterm Berg halten. Das macht sie sympathisch, zumal man ihr kaum etwas verübeln kann, denn sie strahlt Fröhlichkeit und Optimismus aus. Ihre ausgeprägte Lust am Kommunizieren, ihr Mitteilungsbedürfnis, das dem ihrer männlichen Sternzeichenkollegen kaum in etwas nachsteht, kann sie manchmal jedoch auch in ein Fettnäpfchen führen. Ihre Fähigkeit, solche Ausrutscher mit einer flapsigen Bemerkung zu entschuldigen, hat schon manche Zeitgenossen wieder schnell versöhnt, die zunächst überaus verärgert reagierten.

Eigenwillige Interpretationen

Zu ihrem Nachteil kann es ihr manchmal gereichen, dass ihr Redeschwall von Dingen und Themen berichtet, bei denen sie mitunter fachlich nicht sattelfest ist. Macht nichts. Es muss einfach aus ihr heraus, auch wenn es sich vielleicht um eine sehr eigenwillige und individuelle Interpretation einer Angelegenheit handelt. Möglicherweise denkt sie: »Falls es jemanden stört, na ja, dann soll er die Sache eben geraderücken, und ich lerne was dabei …«

Regeln akzeptiert sie nicht immer sofort

Was sie ebenfalls sehr sympathisch macht, ist ihre Unkonventionalität. Alles, was Norm ist, Regel, was grundsätzlicher Natur ist, und vor allem alles, was mit moralischen und gesellschaftlichen Wertvorstellungen zu tun hat, das ist ihr, sagen wir, fremd, das läuft ihrem Naturell zunächst einmal zuwider und lässt sie reflexartig mit einer Frage reagieren, die da heißt: »Warum soll etwas gut und richtig sein, nur deshalb, weil die Mehrheit es für gut und richtig hält?« Den tieferen Sinn und den Wert für den Zusammenhalt der Ordnung muss ihr erst einmal jemand beweisen! Dann vielleicht kann sie eine Regel, Norm, einen Wert oder ein Prinzip auch als für sich selbst gültig akzeptieren.

Das bedeutet nicht, dass sie sich grundsätzlich an keine Regeln oder moralischen Vorstellungen halten würde. Nein, aber ihr Freiheitssinn und ihre unwillkürliche Bestrebung, sich das Denken von niemand abnehmen lassen zu wollen – das lässt sie kritisch und hinterfragend an alle Konventionen herangehen. Deshalb sind Glaubenssätze, aus Überzeugung oder auch nur aus Bequemlichkeit heraus formuliert, wie »Das ist einfach so, weil es schon seit 20 Jahren so ist und wir das schon seit 20 Jahren so machen …«, geistige Sprengsätze für intelligente Schützedamen. Über nichts können sie sich derart echauffieren wie über solche »in Stein gemeißelte« Gegebenheiten.

Daraus folgt auch, dass sie herzlich wenig auf den allgemeinen Geschmack geben. Sie kleiden sich so, wie sie selbst es wollen und wie sie sich wohlfühlen. Punktum! Ebenso interessiert es sie kaum, was andere über sie sagen. Sie leben ihr eigenes Leben und argumentieren damit, dass sie den anderen ja auch keine Vorschriften machen: »Leben und leben lassen« heißt die Devise. Wem das nicht passt – nun ja, dem kann die selbstbewusste Schützedame schon einmal einen Kommentar servieren, der ihm dann wirklich nicht mehr passt. Auch hier ist sie eben offen und ehrlich. Gut ist, dass diese Einstellung sie von der Masse derer abhebt, die nichts lieber tun, als sich über die tatsächlichen oder angeblichen Missetaten ihrer Mitmenschen auszutauschen.

Sie lässt sich nicht bevormunden

Der Gatte, Freund, Gefährte oder Lebenspartner einer Schützedame braucht eine eigene Persönlichkeit und eine große Portion an Selbstsicherheit. Denn sie strebt nach Freiheit, will Erfahrungen sammeln, ihre Neugierde befriedigen und ist überaus kontaktfreudig! Wenn er also dazu neigt, leicht eifersüchtig zu werden, und eventuell versucht, sie im Positiven zu binden, sie mit Geschenken überhäuft, nur um sie in einen »goldenen Käfig« einzusperren – oje, das Vögelchen flattert schneller auf und davon, als er zusehen kann! Jeder Kommentar ist angesichts eines Verhaltens überflüssig, mit dem er sie etwa bevormunden, maßregeln oder dominieren will. Einmal probiert – aus und vorbei!

Unternehmungslustig und neugierig

Wer sie richtig zu nehmen versteht, dem ist sie eine wertvolle Partnerin und Freundin. Ihre Unternehmungslust, ihr ständiges Reisefieber und ihr Erlebnisdrang reißen unwillkürlich mit. Ob es sich um eine Urlaubsreise, einen Konzertbesuch oder um einen aktuellen Kinofilm handelt: All das sind neue Eindrücke, nach denen sie geradezu lechzt und die sie mit anderen teilen und anderen mitteilen will. So fühlt sie sich wohl und so kann sie aus dem Vollen, aus dem prallen Leben, schöpfen.

Kein Wunder, dass Schützedamen sehr optimistische Naturen sind. Andere würden vielleicht vor ständig neuen Eindrücken und Erlebnissen zurückschrecken – denn das Leben könnte ja auch einmal negative Erfahrungen für sie parat haben. Gott bewahre! Ihr Idealismus lässt der Schützedame solche Gedanken gar nicht erst in den Sinn kommen: Das Leben ist dazu da, entdeckt und gelebt zu werden.

Kommunikationsberufe

Der Beruf der Journalistin eignet sich besonders gut für Schützedamen. Hier kann sie ihre angeborene Neugier befriedigen und zugleich, besonders wenn sie sich vor einer Kamera oder einem Mikrofon befindet, ihrer Kommunikationslust frönen. Dies gilt auch für die Politik, für den Pädagogenberuf oder im Tourismusbereich. Nicht so frequentiert von Schützedamen sind alle Professionen, die mit Geld zu tun haben. Und das ist gut so. Denn sie neigen ein wenig zum Verschwenderischen und überschätzen bisweilen ihre finanziellen Mittel und realen Möglichkeiten, da sie ihren Realitätssinn häufig ihrer Lust auf Neues unterordnen.
Als Vorgesetzte fallen sie oft durch Fairness und ein großes Gerechtigkeitsempfinden auf. Im Angestelltenverhältnis dürfen sie nicht autoritär behandelt werden. Das vertragen sie nur schlecht und suchen sich sonst schnell einen anderen Job.

Der Schütze-Mann

Wie beim Partner der Schütze-Frau gilt auch hier, dass die Dame, die sich einen Schützen als Lebenspartner gewählt hat, über Persönlichkeit, einen eigenen festen Willen und mitunter auch über Langmut verfügen muss. Gleiches gilt für Freunde, Kollegen und Chefs von männlichen Vertretern dieses Tierkreiszeichens.

Er schlägt rasch überall Wurzeln

Warum? Der Schütze ist erstens überall zu Hause, er besitzt die Fähigkeit, auf allen fünf Kontinenten leben und arbeiten und zugleich an allen Orten rasch eigene Wurzeln schlagen zu können. Er liebt den Wechsel von Lebensinhalten und Lebensbezugspunkten – und dazu gehören bisweilen auch die Menschen in seinem Umfeld. Der Schütze ist ein Zeitgenosse, der über ein Talent verfügt, das die angloamerikanische Sprache mit dem Verb *to melt* bezeichnet: Er kann in anderen Kulturen und Regionen »aufgehen« und überraschend schnell mit den neuen Gegebenheiten »verschmelzen«. Dies ist eine Eigenschaft, die ihn sehr flexibel und mobil macht – er ist das Gegenteil von »bodenständig«, von »konservativ« und »unbeweglich«. Dumpfe Routine kann er nicht ertragen.

Eher ist er kaum festzuhalten, schon gar nicht »festzunageln«, denn er sucht die Freiheit und will sich in keiner Lebenslage Fesseln anlegen lassen. Dabei ist er jedoch nicht oberflächlich und kein Schmetterling, der etwa von Blüte zu Blüte fliegt. Nein, sein Interesse am Leben ist infolge einer angeborenen Neugier und eines starken Wissenstriebs lediglich unersättlich und er kann Langeweile oder dumpfe Routine einfach nicht ertragen. Manche Mitmenschen kann dieses Verhalten erschrecken; sie empfinden den Schützen als unbeständig und rätseln darüber, wie es nur möglich ist, dass ein Mensch, der doch an einem bestimmten Ort und in einer bestimmten Kultur geboren wurde und aufgewachsen ist und dort von Traditionen, Werten, Normen und Verhaltensmustern geprägt wurde, sich so schnell mit manchmal ziemlich gegensätzlichen Verhältnissen arrangieren kann. Doch, er kann! Es macht ihm überhaupt keine Mühe, sich darauf einzustellen. Im Gegenteil: Insgeheim

gesteht er sich ein, dass er solche Situationen des Wechsels und des Neuanfangs sogar sucht. Hieraus schöpft er Energie, Dynamik und eine ungeheure Lebensfreude.

Blender entlarvt er schnell

Zum Zweiten ist er anspruchsvoll: Blender, Aufschneider und Geschichtenerzähler, die sich immer in ein möglichst günstiges Licht rücken, kann er nicht leiden. Er durchschaut sie schnell und lässt sie ebenso rasch abblitzen. Nicht anders ergeht es dummen oder »dumpfen« Menschen, deren geistiger Horizont eingeschränkt ist oder die nicht über viele Interessen verfügen. Selbst aber erzählt er gerne und gut; in aller Regel neigt er nicht zur Übertreibung und ist authentisch. Eine überaus große Kommunikationsgabe und ein ausgeprägtes Mitteilungsbedürfnis gehören zu seinen wichtigsten Wesensmerkmalen: Immer muss er sich austauschen, einen Gegenstand debattieren und diskutieren; Kommunikation benötigt er wie die Luft zum Atmen. Dabei bleibt es nicht aus, dass er mitunter einige Sprachen spricht oder sich zumindest bemüht, einige Brocken aufzuschnappen, um sich in die Sprach- und Verständniswelt anderer Menschen einfühlen zu können.

Vielfache Interessen

Ebenso kann er sich für viele und verschiedene geistige Bereiche und Themengebiete interessieren. Typisch für Schützen ist es deshalb, dass sie eine sehr gute Allgemeinbildung besitzen und in vielen Gebieten über Kenntnisse verfügen – nicht immer und überall kann man das als Spezialkenntnisse bezeichnen, oft geht es jedoch über das »Kreuzworträtselwissen« von Mitmenschen hinaus. Was man selten unter den Schütze-Männern findet, sind deshalb ausgewiesene »Fachidioten«, die sich zeitlebens lediglich mit einer Materie befassen und noch jedem kleinsten Detail Hochspannung abgewinnen können.

Sein Idealismus bei seiner Auseinandersetzung mit den verschiedensten Bereichen ist sehr groß. Häufig wird er versuchen, Freunde und Weggefährten von seinen Ideen und Theorien zu überzeugen. Er kann andere begeistern und seine Gesprächspartner mitreißen. Unter Langeweile leiden die Zeitgenossen des Schütze-Mannes, der sehr unterhaltsam und witzig Dinge zum Besten geben kann, wohl nur äußerst selten.

Offen für Selbstkritik

Was Schütze-Männer besonders auszeichnet, ist ihre Offenheit und Kritikfähigkeit, die in diesem Zusammenhang als auf sich selbst bezogen zu verstehen ist. Sie können mitunter zwar auch durch Empfindlichkeit auffallen, im Großen und Ganzen aber können sie gut und souverän damit umgehen, wenn andere sie kritisieren. Ist die Kritik an der eigenen Person noch dazu begründet, tun sie im Normalfall alles dafür, einen Fehler oder ein Fehlverhalten zurechtzurücken und möglichst wiedergutzumachen. Auch das dürfte ihrer Grundeinstellung, »Auf dieser Welt kann so ziemlich alles passieren« oder »Die Menschen sind nun mal verschieden«, geschuldet sein.

Sie können zuverlässig sein

Wie gesagt: Sie lassen sich nicht festhalten, die Schütze-Männer. Dies gilt für zwischenmenschliche Beziehungen aller Art. Wenn sie sich aber einmal auf bestimmte Menschen »eingeschossen« haben und diese schätzen und lieben, können sie ihnen sehr zuverlässig und treu verbunden sein. So schätzen viele Frauen ihre vielseitig interessierten Schütze-Männer und Freunde ihre weltoffenen, geistreichen und witzigen Kumpel.

In ihrer Berufswahl achten sie stark darauf, möglichst über Freiheit und Selbstbestimmung verfügen zu können. Die Rolle des Untergebenen ist dem Schütze-Mann nicht unbedingt auf den Leib geschrieben. Er will entscheiden und sich entwickeln. Stillstand und Routine sind ihm daher verhasst. Darüber hinaus braucht er den Kontakt zu Menschen, um sich mitteilen, aber auch, um Interessantes erfahren zu können.

Häufig finden wir Schütze-Männer deshalb in selbstständigen und kommunikationsstarken Berufen, als Jurist, Arzt oder Unternehmensberater; oft anzutreffen sind sie überdies als Priester, Moderatoren oder Reiseleiter. Der Archäologe oder Biologe, der seine professionellen Leidenschaften bisweilen mit Reisen in ferne Länder verknüpfen kann, ist, was Wunder, besonders beliebt.

Berühmte Menschen dieses Sternzeichens

Winston Churchill

Ein hochintelligenter und durchsetzungsstarker Staatsmann und ein begabter Literat! Sir Winston Leonard Spencer Churchill wurde am 30. November 1874 im englischen Woodstock geboren und verstarb hochbetagt am 24. Januar 1965 in London. Churchill war zwei Mal Premierminister, führte England erfolgreich durch den Zweiten Weltkrieg und widerstand als herausragender westlicher Staatsmann der Hitlerschen Aggression. Zudem verfasste er autobiografische, politische und historische Werke, für die er 1953 mit dem begehrten Nobelpreis für Literatur ausgezeichnet wurde.

Jane Fonda

Die US-amerikanische Schauspielerin, die am 21. Dezember 1937 in New York geboren wurde, ist eine Amerikanerin mit Geschichtstradition: Ihre Mutter Frances Seymour Fonda, die sich infolge einer Affäre ihres Ehemannes Henry Fonda 1950 das Leben nahm, konnte ihren

Familienstammbaum bis zum englischen König Heinrich VIII. (1491-1547) zurückverfolgen. Jane Fonda trat bereits 1954 mit ihrem Vater im Theater auf und entwickelte sich zunächst zum Sexsymbol der 1960er-Jahre. 1972 erhielt sie den Oscar für den Film *Klute*, 1979 für *Coming Home*. Fonda gehört zu den Intellektuellen im US-amerikanischen Filmgeschäft, sie ist erklärte Feministin und engagiert sich für Frieden und Umwelt.

Edith Piaf

Sie stammte aus schwierigen Verhältnissen, und ihre Mutter, die als Kaffeehaussängerin in Paris arbeitete, während der Vater als Zirkusakrobat sein Geld verdiente, schob die kleine Édith Giovanna Gassion, die am 19. Dezember 1915 in Paris geboren und später Edith Piaf (*piaf*, frz.: der Spatz) genannt wurde, schon früh zu ihrer Großmutter ab. Mit 15 Jahren begann Edith, als Sängerin in Pariser Kabaretts aufzutreten. Die nur 147 Zentimeter große Künstlerin führte ein ausschweifendes Leben. Edith Piaf ist heute untrennbar mit der Kultur Frankreichs verbunden; Chansons wie *Non, je ne regrette rien* oder *La vie en rose* wurden Welterfolge. Sie starb am 10. Oktober 1963.

Die Bedeutung des Aszendenten

Das Wort stammt aus dem Lateinischen und geht auf das Verb *ascendere* (»aufsteigen«) zurück. Damit beschreibt der Aszendent (AC) das Tierkreiszeichen, das zum Zeitpunkt und am Ort der Geburt am östlichen Horizont aufsteigt. Der Aszendent gehört zu den wichtigsten Horoskopfaktoren und geht in jede astrologische Deutung mit Qualität ein.

Da sich die Erde pro Tag einmal um ihre eigene Achse dreht, steigt bei zwölf Tierkreiszeichen im Durchschnitt alle zwei Stunden am östlichen Horizont ein neues Tierkreiszeichen auf. Dieser schnelle Wechsel ist einer von mehreren Gründen, warum für eine qualitative astrologische Deutung ein präzise berechnetes Horoskop mit genauer Angabe von Geburtszeit und Geburtsort so wichtig ist. Infolge des raschen Wechsels des Aszendenten haben zwei Menschen, selbst wenn sie am selben Ort und Tag geboren sind, nur in den seltensten Fällen das gleiche Horoskop.

Das Tierkreiszeichen am Aszendenten, das vom für uns Menschen unsichtbaren Bereich über den östlichen Horizont in den sichtbaren Bereich tritt, entspricht den Eigenschaften des Menschen, die wir in den ersten Minuten des Kennenlernens feststellen. Der Aszendent beschreibt in der astrologischen Symbolsprache damit das sichtbare Verhalten des Menschen. All das hingegen, was er denkt oder fühlt, sich erhofft und wünscht, zeigt sich nicht im Aszendenten. Demnach entspricht er der Art und Weise, wie wir uns verhalten. Er ist die »Maske« unserer Persönlichkeitsstruktur. Einerseits ist diese Maske verborgen, denn auch wir selbst sind uns nicht immer bewusst, was wir zeigen, zum anderen ist sie doch äußerlich. Dem Aszendenten werden in Sternzeichen unterschiedliche Einflüsse auf die Lebensziele der Menschen zugeordnet. Der Aszendent im Zeichen des Widders bringt Mut, der Stier dagegen Gelassenheit, die Zwillinge Offenheit, der Krebs steht für Geborgenheit, der Löwe für einen starken Willen, die Jungfrau für Sachlichkeit, die Waage für Altruismus, der Skorpion für Tiefe, der Schütze bringt den Glauben an das Gute, der Steinbock symbolisiert Struktur, der Wassermann Teamgeist und die Fische stehen für Mitgefühl.

Berechnung des Aszendenten für das Sternzeichen Schütze

Diese Tabelle gilt für Mitteleuropa. Der genaue Aszendent ist auch von dem Geburtsort abhängig, deshalb gilt diese Tabelle oft nicht ganz exakt. Sollte es in Ihrem Geburtsjahr die Sommerzeit gegeben haben, so ist 1 Stunde abzuziehen.

SCHÜTZE 23.11. – 21.12.

Geburtstag	23.11. – 30.11.	01.12. – 11.12.	12.12. – 21.12.
Aszendent	**Geburtszeit**	**Geburtszeit**	**Geburtszeit**
Widder	14.30 – 15.30	13.45 – 14.45	13.15 – 14.15
Stier	15.30 – 16.45	14.45 – 16.00	14.15 – 15.30
Zwillinge	16.45 – 18.30	16.00 – 17.45	15.30 – 17.15
Krebs	18.30 – 21.00	17.45 – 20.15	17.15 – 19.45
Löwe	21.00 – 23.45	20.15 – 23.00	19.45 – 22.30
Jungfrau	23.45 – 02.30	23.00 – 01.45	22.30 – 01.45
Waage	02.30 – 05.15	01.45 – 04.30	01.45 – 04.00
Skorpion	05.15 – 08.00	04.30 – 07.15	04.00 – 06.45
Schütze	08.00 – 10.30	07.15 – 09.45	06.45 – 09.15
Steinbock	10.30 – 12.15	09.45 – 11.30	09.15 – 11.00
Wassermann	12.15 – 13.30	11.30 – 12.45	11.00 – 12.15
Fische	13.30 – 14.30	12.45 – 13.45	12.15 – 13.15

Der Schütze mit seinen Aszendenten

Aszendent Widder

Durch den Einfluss des Widders zeigt sich dieser Schütze realitätsbezogener und durchsetzungsstärker. Seine Ideale will auch er verwirklichen und sich nicht nur geistig damit auseinandersetzen. Die Verbindung der beiden Feuerzeichen schafft zusätzliche Energie und Dynamik, die in vielen Berufen zu großem Erfolg führen kann. Manchmal führen seine Willenskraft und sein hitziges Temperament zum Eindruck von Rücksichtslosigkeit und Ichbezogenheit.

Aszendent Stier

Der Stier vermittelt dem Schützen eine größere Bodenhaftung, die sich vor allem im Streben nach beständigen menschlichen Beziehungen und Partnerschaften äußert. Die geistige Leichtigkeit des Schützen zeigt sich hier eher an der Lust auf Entdeckungen und Neuigkeiten und weniger im häufigen Wechsel von Bindungen. Überdies sorgt der Einfluss des Stiers dafür, dass dieser Schütze größeren Wert auf seine materielle Absicherung legt. Insgesamt gesehen mischt der Stier einen kräftigen Schuss Realismus in den Idealismus des Schützen.

Aszendent Zwillinge

Beide Zeichen sind extravertiert und lieben das Präsentieren. Die intellektuelle Leichtigkeit und die Kommunikationslust der Zwillinge und die Offenheit und der Wissendrang des Schützen können zu einer Verbindung führen, die anderen arrogant oder snobistisch erscheinen mag. Der Freiheitsdrang beider Zeichen kann in eine regelrechte Beziehungsangst münden, die reizt und spielt und häufig wechselt, deshalb aber nur äußerst selten Grundlage für ein zuverlässiges und beständiges Verhältnis ist.

Aszendent Krebs

Die Neigung des Krebses, sich gerne zurückzuziehen, sowie die Betonung der eigenen Emotionalität harmonieren mit der Weltoffenheit und der Abenteuerlust des Schützen in keiner Weise. Hier können innere Konflikte entstehen:

Einer zieht und will aus sich herausgehen, der andere bremst und bleibt in sich gefangen. Andererseits befördert der Krebs das Sensitive, und eine Neugier auf psychologische Themen ist unverkennbar. Schützen mit dem Aszendenten Krebs setzen sich häufig gerne für die Interessen anderer ein und fühlen mit anderen mit. Dabei halten sie die eigenen Ideale und Wertvorstellungen hoch.

Aszendent Löwe

Die Neigung des Löwen, stets im Zentrum des Geschehens stehen zu wollen, geben dem unternehmenden Geist des Schützen zusätzliche Impulse. Großzügigkeit, Stolz und Überzeugungskraft kommen hinzu. Die Neigung zu weltanschaulichen Themen, die mitreißend artikuliert und überzeugend präsentiert werden können, ist unverkennbar. Menschen dieser Konstellation wirken zumeist stark, selbstsicher und doch auch flexibel und zeigen mitunter, dass sie von Luxus und Wohlleben angezogen werden.

Aszendent Jungfrau

Personen dieser Konstellation sind geistig überaus flexibel und rege. Der Forschungsdrang und die Neugier des Schützen werden von der analytischen Stärke der Jungfrau nachhaltig verstärkt. Die Toleranz und der Idealismus des Schützen können von der alles hinterfragenden Art der Jungfrau bisweilen allerdings auch herausgefordert und irritiert werden. Hier kann ein seelischer Zwiespalt entstehen, der austariert werden muss. Überdies wirkt die Jungfrau nüchtern und berechnend auf den oft begeisterten und optimistischen Schützen ein.

Aszendent Waage

Die Waage mit ihrer Vorliebe für Geselligkeit und ihrem angenehmen und meist ausgeglichenen Wesen verstärkt die geistigen Eigenschaften des Schützen. Intellekt, Humor und Esprit sowie eine charmante Präsentation in der Öffentlichkeit machen diese Schützen oft sehr beliebt und zu gern gesehenen Gästen und Unterhaltern. Allerdings – ein kleiner Wermutstropfen – neigen sie ein wenig dazu, Schmeicheleien von anderen als bare Münze zu nehmen.

Aszendent Skorpion

Dieser Schütze gründet tief! Die ungeheure Stärke des Skorpions, die allem Handeln eine entschlossene Note verleiht, kann ihn dogmatisch werden lassen. In diesem Fall kann das Extreme des Charakters hervortreten, der vieles um sich herum nicht gelten lassen will und ständig im Kriegszustand mit »Halbheiten« und oberflächlichen Betrachtungsweisen steht. Im günstigsten Fall führt die Kombination aus dem Intellektualismus des Schützen mit der introvertierten Tiefgründigkeit des Skorpions zu großen beruflichen Talenten.

Aszendent Schütze

Ganz oft tritt diese Natur als ausgesprochen fröhlicher, optimistischer und geistreicher Mensch in Erscheinung. Durch die sich gegenseitig verstärkenden Schütze-Eigenschaften nehmen Kommunikationsfähigkeit und Beredsamkeit mitunter noch stark zu. Damit einher geht manchmal auch die Überzeugung, alles schon immer und besser als andere gewusst zu haben. Dies kann Probleme bereiten und Unfrieden stiften. Eine Eigenart dieser Charaktere ist überdies ein großer Ehrgeiz, der sie zu beruflichem Aufstieg treibt. Gleichwohl wollen sie auch die besten Seiten des Lebens genießen.

Aszendent Steinbock

Viel Ambition und Anspruch! Hier verbinden sich der Drang des Schützen nach neuen Erfahrungen und Wissen mit dem zähen und beharrlichen Aufstiegswillen des Steinbocks. Das macht Persönlichkeiten dieser Konstellation häufig beruflich sehr erfolgreich. Der Hang des Steinbocks zu beständiger und disziplinierter Arbeit kann den Freiheitsdrang des Schützen bisweilen aber auch stark bremsen. Dann kann es zu inneren Konflikten kommen.

Aszendent Wassermann

Der Einfluss des idealistischen Wassermanns auf den optimistischen und zukunftsorientierten Schützen kann zu einem anspruchsvollen Charakter mit hohen moralischen Prinzipien führen. Gerechtigkeit, Ausgleich und Konsens sind Menschen dieser Konstellation wichtige Ziele. Dabei können sie wechselhaft und »irrlichternd« wirken: Sie propagieren mitunter große

Konzepte oder Theorien, zeigen sich in deren Umsetzung aber ungeduldig und nicht immer zuverlässig. Der Schütze mit Aszendent Wassermann ist sehr auf sich selbst konzentriert und betont seine Freiheit und Selbstbestimmung.

Aszendent Fische

Menschlicher Anstand, Respekt voreinander, soziale Fragen und humanistische Ziele stehen im Mittelpunkt dieser Persönlichkeit. Die Sensibilität der Fische, ihr Einfühlungsvermögen in andere Menschen und ihr Mitempfinden führen zu einer starken Betonung der idealistischen Grundeinstellung des Schützen. Dennoch ist auch sein Temperament nicht zu unterschätzen und der bisweilen dominierende Eigennutz, der das Gefühl sehr auf sich selbst und die eigenen Bedürfnisse lenken kann.

Steine, Farben, Metalle, Tiere, Pflanzen, Düfte

Was passt zum Wesensbild des Schützen? Welche Materialien lassen ihn sich wohlfühlen, welche Steine bevorzugt sein Charakter, mit welchen Metallen identifiziert er sich, und was sind die Farben, die er liebt? Und schließlich: Welchen Lebewesen, welchen Tieren und Pflanzen, fühlt er sich verbunden und welche Düfte beflügeln seine Fantasie?

Amethyst
Karfunkel
Lapislazuli
Saphir

Dunkelblau
Fröhliches und lebhaftes Gelb
Grün
Purpur

Zinn

Birne
Eisenkraut
Esche
Feige
Jasmin
Kastanie
Margerite
Nelke
Pappel
Pfirsich
Quitte
Rhabarber
Roggen
Spargel

Auerochse
Elefant
Eule
Foxterrier
Hirsch
Pfau
Pferd
Schwan
Sperling
Windhund
Zebra

Bergamotte
Hyazinthe
Veilchen
Zitronat

Schütze

Mythen und Legenden

Das Sternbild des Schützen geht auf die griechische Mythologie zurück. Cheiron (lat. Chiron) war Sohn des Titanen Kronos und der menschlichen Phylira, der Tochter des Okeanos, zugleich Halbbruder des Zeus und aufgrund der ungewöhnlichen Verbindung ein unsterblicher Halbgott. Zugleich war Cheiron einer der Zentauren, Wesen mit einem menschlichen Oberkörper und dem Unterleib eines Pferdes. Diese Wesen galten als gewalttätig, rach- und trunksüchtig und waren allseits gefürchtet.

Personifizierung des gebildeten Menschen

Cheiron jedoch bildete eine große Ausnahme und ist geradezu die Personifizierung des gebildeten, edlen und weisen Menschen, der anscheinend niemals älter wurde und ewig seine jugendliche Kraft und seine Energie bewahren konnte. Er war der gerechteste und weiseste der Zentauren. Darüber berichtet bereits der griechische Dichter Homer in seinem neben der Odyssee wichtigsten Werk, der Ilias. Cheiron lebte in einer Höhle im Pelion-Gebirge und war Freund der Götter, Arzt, Heiler und Lehrer von vielen Helden und Göttersöhnen wie Achilles, Aktaion, Herkules, Orpheus sowie von Jason und den Argonauten-Fahrern. Überdies übernahm er die medizinische Ausbildung des Asklepios, des »Urvaters« aller Ärzte und Heiler. Er zeichnete sich durch große Hilfsbereitschaft, Gastfreundschaft, Güte, Gerechtigkeit und Weisheit aus, hatte jedoch auch exzellente musikalische Fähigkeiten – er beherrschte so gut wie kein anderer das Spiel mit der Leier – und unterwies gute Menschen auch in der Kunst der Kriegsführung.

In diesem Zusammenhang geht die Erfindung von Pfeil und Bogen auf ihn zurück – eine

Entdeckung, die den Menschen die Jagd und auch die Kriegsführung erleichtern sollte, ihm selbst aber zum Verhängnis wurde.

Für den vorzeitigen Tod des doch unsterblichen Cheiron existieren in der griechischen Mythologie zwei verschiedene Versionen. Die eine berichtet davon, dass dem Zentaur beim Experimentieren mit vergifteten Pfeilen die Spitze eines

Geschosses in einen Huf eingedrungen sei und ihm fortan unmäßige Schmerzen bereitet habe. Daraufhin habe er sich nur noch den Tod gewünscht und sei von Zeus ans Firmament gesetzt worden.

Die andere Variante erzählt, dass der Göttersohn Herkules bei einem Besuch bei Pholos, einem anderen, den Menschen wohlgesonnenen Zentauren, mit etlichen wilden Zentauren, die vom Wein berauscht waren, in Streit geraten war. Im Kampf traf ein verirrter Pfeil den ebenfalls anwesenden Cheiron. Da die Pfeilspitze mit dem Blut der Hydra, einer fürchterlichen und vielköpfigen Wasserschlange, vergiftet war, litt Cheiron unter unerträglichen Schmerzen. Er wusste, dass niemand diese Leiden heilen konnte und diese sein ganzes unsterbliches Leben lang anhalten würden. Deshalb bat er Zeus, ihn sterben zu lassen und Prometheus die Freiheit zu gewähren. Zeus hatte Prometheus, der den Menschen verbotenerweise das Feuer gebracht hatte, für ewig an einen Pfahl binden lassen und geschworen, ihm erst dann die Freiheit zu gewähren, wenn ein anderer Unsterblicher für ihn auf seine eigene Unsterblichkeit verzichten würde. Für diese Tat schenkte Zeus dem Cheiron für ewig einen Platz am Himmel.

Der Schütze und die Liebe

Schütze-Frau

Die Schützedame liebt Abwechslung und legt sich nicht eben leicht auf einen einzigen Lebenspartner fest – auch wenn sie wohl nicht einmal »besten« Freundinnen gegenüber eingestehen wird, dass sie eventuell »viele« Männer kennt. Ganz einfach: Sie will sich frei und unbeschwert fühlen und verdächtigt potenzielle Partner, die ihr schnell zu nahe und zu fest auf den Pelz rücken wollen, dass sie ihr Leben eher beschweren als erleichtern könnten. Und genau damit tut sie sich aber auch schwer, denn als sprühende Optimistin, als unternehmungslustige und kurzweilige Freundin und Gefährtin bleibt es nicht aus, dass Männer wie die Bienen um die Blüte – und so weiter ...

Sie ist oft stark auf Äußerlichkeiten fixiert. Gut, wer neugierig ist, sieht viel und mehr als andere ... Noch dazu ist das mit dem Festlegen und Versprechen nicht so einfach.

Schütze-Mann

Die Dame seines Herzens? Na ja, sprechen wir lieber von Dame*n* seines (großen) Herzens. Häufig hat er gleich mehrere Eisen im Feuer. Und was andere Männer vielleicht lediglich in ihrer Sturm-und-Drang-Zeit, im jugendlichen und Jungerwachsenen-Alter, tun – darin befleißigt er sich auch noch in späteren Jahren.

Dabei ist er eigentlich nicht der »Frauen vertilgende« Latin Lover, der sich die eigene Virilität ständig neu beweisen muss. Nein, so ist es nicht. Es verhält sich anders: Der Schütze ist notorisch neugierig, immer auf frische Eindrücke und auf pure Erlebnisse aus, die am besten den Geschmack von Abenteuern haben. Deshalb ist so manches, was ihm »widerfährt«, nicht beabsichtigt oder gar gesucht. Es geschieht einfach ...

Der Schütze und seine Beziehungspartner

Beziehungspartner Widder

Schütze-Frau und Widder-Mann

Die geradlinige und fordernde Art des Widders kann der Schütze-Frau bisweilen zu viel werden. Dass er immer sagt, was er will – »gut«. Dass er immer sofort auf sein Ziel lossteuert – »gut«. Dass er sich aber nur selten verkneifen kann, dass er auch sagt, was zu tun ist und wo es hingeht – »na ja« … Da ist die Schützin doch zu selbstbewusst und freiheitsliebend, als dass sie sich immer Vorschriften von ihrem Widder machen lassen wollte.

Schütze-Mann und Widder-Frau

Die Widderdame findet in ihrer Beziehung zum Schützen seine geistige Orientierung und die gute Bildung, die ihn mitunter auszeichnet, sehr attraktiv. Ihm wiederum imponieren ihre fordernde Art und ihr Unternehmungsgeist, der ständig nach neuen Aktivitäten sucht. Auch ihre selbstbewusste Persönlichkeit und ihr Wunsch, selbst ihren »Mann« zu stehen, kommen ihm sehr entgegen, weil sie seine Selbstbestimmung akzeptiert. Beide Zeichen können überdies eine anregende erotische Beziehung eingehen.

Beziehungspartner Stier

Schütze-Frau und Stier-Mann

Er bevorzugt die traditionelle Geschlechterrolle: »Schön ist es doch«, denkt er, »wenn ich nach Hause komme, mich eine wohlige und behagliche Atmosphäre empfängt und mir es jemand so richtig gemütlich macht.« Oje. Da hat er sich mit der Schützedame aber exakt die falsche Partnerin ausgesucht. Von wegen. Für solche Vorstellungen hat sie nur ein Wort übrig: »Pascha!« Und wenn er auch noch eifersüchtig reagiert, weil sie alleine unterwegs sein möchte, dann gibt sie ihm schnell den Laufpass.

Schütze-Mann und Stier-Frau

Eine Herausforderung für beide Partner, da die Charaktere in den meisten Fällen zu unterschiedlich sind. Will die Stier-Frau bewahren und das Erreichte sichern, zieht es den Schützen hinaus. Was ihn besonders stören kann, ist eine Eigenschaft des Stier-Fräuleins, die vielleicht am besten mit Auf-der-Stelle-Treten beschrieben werden kann. Nein, er will sich entwickeln, weiterkommen und das Leben spüren; sie aber sieht nicht ein, warum ein Zustand verändert werden sollte, der in der ersten Verliebtheitsphase doch von beiden als »gut« empfunden wurde. Er ist ihr zu unstet und die anfängliche Liebe kann schnell abflauen.

Beziehungspartner Zwilling

Schütze-Frau und Zwilling-Mann

Die Unbekümmertheit des Zwillings behagt der Schützin, und sie genießt es, dass er sie ihr eigenes Leben leben lässt und nicht eifersüchtig über ihre Schritte wacht. Manchmal aber kommt es ihr so vor, als pflege sie eher eine Freundschaft als eine Partnerschaft. So kann es einzig dem Zwilling gelingen, eine Schütze-Dame auch einmal eifersüchtig zu machen. Im Grunde genommen aber genießt sie seine geistige Unabhängigkeit und Lebenszuversicht.

Schütze-Mann und Zwilling-Frau

Eine Stärke dieser Beziehung kann es sein, dass beide Zeichen – der feurige Schütze und der luftige Zwilling – gerne unterwegs sind und Stillstand hassen. Frau Zwilling liebt es geradezu, etwas zu unternehmen und neue Eindrücke zu sammeln. Der großzügige Schütze unterstützt sie dabei, und er sieht auch, weil er seine Freiheitsliebe selbst gerne in den Vordergrund rückt, über ihre Neigung hinweg, ständig neue Kontakte zu suchen. Vor allem denkt er sich nur wenig dabei und hegt in der Regel kaum Befürchtungen, sie zu verlieren.

Beziehungspartner Krebs

Schütze-Frau und Krebs-Mann

Manchmal sollen sich Gegensätze ja anziehen; diese aber sind eklatant. Er neigt zum Klammern, da ist nichts zu machen, und wenn er das

Gefühl hat, endlich die große Liebe gefunden zu haben, dann macht er in diesem Fall so gut wie alles falsch. Er zeigt sich weich – sie aber will ihn nicht stützen; er wird noch weicher und hingebungsvoller, weil er ihre Ablehnung spürt – das irritiert sie vollends.

Schütze-Mann und Krebs-Frau

Frau Krebs möchte sicher sein. Das ist ihr das Wichtigste im Leben. Gemütlich soll es mit ihm sein, heimelig und liebevoll. Man sollte sich zurückziehen können und gemeinsam das Schöne im Leben genießen. Das Schöne? Na ja, davon hat der Schütze häufig ganz andere Vorstellungen: raus aus dem Haus, reisen, etwas unternehmen, neue Menschen kennenlernen, Eindrücke sammeln – und bloß nicht stillstehen! Nein, diese Beziehung endet selten gut und ist für beide Partner überaus anstrengend!

Beziehungspartner Löwe

Schütze-Frau und Löwe-Mann

Die selbstbewusste Schützin genießt das Werben des Löwen. Mitunter kokettiert sie mit ihrem

Drang nach Freiheit und Selbstbestimmung, aber sein Selbstbewusstsein und sein Anspruch imponieren ihr. Ihm gefällt, dass sie keine ist, der leicht Honig um den Mund zu schmieren ist, und wenn sie akzeptiert, dass er manchmal seine Streicheleinheiten braucht und das Gefühl, der Herr im Ring zu sein, kann diese Verbindung gut harmonieren.

Schütze-Mann und Löwe-Frau

Eigentlich können sie sich sehr gut ergänzen, denn beide suchen Geltung in der Welt, beide sind zuversichtlich und häufig überaus selbstbewusst. Probleme kann es geben, wenn die Löwin findet, dass ihr der Schütze zu wenig Beachtung schenkt. Na ja, er muss sie ja schließlich nicht immer nur bewundern, aber sie will schon spüren, dass sie für ihn der Mittelpunkt des Lebens ist – und dass seine ewigen Ausflüge in die Welt ihr nicht den Rang ablaufen. Er hingegen zuckt manchmal etwas zurück, wenn sie allzu besitzergreifend wird und ihn dominieren will.

Beziehungspartner Jungfrau

Schütze-Frau und Jungfrau-Mann

An ihm fehlt ihr manchmal das Exotische. Oh Gott, wie kann jemand derart »vernünftig« – und dadurch trocken – wirken? Andererseits: Sein analytischer Verstand und seine Art, den zweiten Schritt nicht vor dem ersten zu tun, gibt ihr auch das Gefühl, einen zuverlässigen und in sich ruhenden Partner zu haben, der ihr ihre Freiheiten lässt und die gemeinsame Existenz zum Guten richtet.

Schütze-Mann und Jungfrau-Frau

Während es ihn in die, nicht nur geistige, Weite zieht und er vieles optimistischer und großzügiger beurteilt als sie, analysiert sie die Umwelt und zieht mitunter ganz andere Schlüsse. Dies findet er oft kleinlich und haarspalterisch und fragt sich, wie man sich selbst derart im Wege stehen kann. Zudem ärgert ihn bisweilen ihre detaillierte Betrachtung des Alltags, die nicht viel übrig hat für begeisternde Ideen. Sie findet ihn umgekehrt manchmal weitschweifig und wirft ihm vor, dass er sich im Geistigen verliert.

Beziehungspartner Waage

Schütze-Frau und Waage-Mann

Bisweilen möchte sie ihn anders sehen: Er soll eine Entscheidung doch gefälligst alleine treffen und nicht bei jedem Detail nachfragen! Manns genug ist er doch, oder? Was ihr dagegen ausgesprochen gut gefällt: sein Charme, seine gepflegte Erscheinung und seine kultivierte Denkweise. Mit ihm kann man sich sehen lassen, nur ein bisschen unternehmungslustiger könnte er manchmal sein und seine Neigung zur Selbstbeweihräucherung lassen.

Schütze-Mann und Waage-Frau

Frau Waage findet ihren Schützen meist sehr interessant. Er hat viele Interessen, bisweilen schon sehr viel erlebt und erfahren und bewegt sich mitunter sicher in verschiedenen Sprachen. Das mag sie sehr: seine weltmännische, multilinguale und geistig rege Art! Dazu lässt sie sich gerne inspirieren und von seinen Ideen mitreißen. Oft hat auch er Sinn für ihre Vorliebe für schöne Dinge. Wenn sie allerdings Entscheidungen gerne auf die lange Bank schiebt, weil sie noch nicht alle Umstände ausreichend abgewogen hat, dann kostet ihn das einige Nerven.

Beziehungspartner Skorpion

Schütze-Frau und Skorpion-Mann

Der Skorpion gründet tief, im wahrsten Sinne des Wortes. Er geht den Dingen auf den Grund und sein Stachel bohrt in den geistigen Zusammenhängen der Welt. Das liebt die Schützin nicht immer, die das, was die Welt im Innersten zusammenhält, gerne auch mal nur idealistisch und optimistisch sieht. Beiden zupass kommt es allerdings, dass ihr Gefährte äußerst geradlinig ist und oft über eine starke Persönlichkeit verfügt, die keiner Anlehnung bedarf.

Schütze-Mann und Skorpion-Frau

Die Skorpiondame kann dem Schützen ganz gehörig zusetzen. Sie ist kritisch, gefühlsstark und leidenschaftlich. Gut, bei Letzterem kann er, der Berufs-Idealist und -Optimist, gut mithalten. Ihre Hinterfragerei stört ihn bisweilen aber ziemlich, und überdies vermittelt sie ihm manchmal das Gefühl, nicht von seiner aufrichtigen Zuneigung überzeugt zu sein. Das kann diese Verbindung problematisch machen. Auf der anderen Seite aber schlägt den Schützen die beinahe schon mystische Weiblichkeit seiner Skorpion-Gefährtin stark in den Bann – und ihre erotischen Qualitäten? Oh, là, là!

Beziehungspartner Schütze

Schütze-Frau und Schütze-Mann

Gut wäre es, wenn andere Horoskopfaktoren bei dieser Partnerschaft etwas Ruhe und Ausgeglichenheit anzeigen, denn beide Schützen neigen gemeinsam zur Unruhe und eventuell auch zu übergroßer Unternehmungslust, die irgendwann auch einmal zur Routine werden kann. Ist dies der Fall, dann können zwei Schützen gemeinsam alt werden und eine harmonische Beziehung führen.

Wichtig ist besonders, dass beide akzeptieren, dass der andere auch einmal etwas ohne den Partner erleben will. Ja, hier geht es um die berühmte »lange Leine«, auf die beide insgeheim oder auch ganz explizit bestehen. Denn der Freiheitsdrang bezieht sich im Allgemeinen auf eine Person und schließt den anderen nicht zwangsläufig mit ein.

Die Bedeutung von Toleranz ist in dieser Gemeinschaft deshalb kaum zu überschätzen. Aber eigentlich sollte gerade der Schütze – ob Männlein oder Weiblein – sich bestens darauf verstehen. Unter dieser Voraussetzung fehlt es übrigens kaum an erotischen Höhepunkten.

Beziehungspartner Steinbock

Schütze-Frau und Steinbock-Mann

Bald dürfte sie ihren Steinbock wieder aufgegeben haben, die Schützin. Seine Konsequenz und sein Arbeitseifer – gut, das ist schon imponierend. Seine Autorität aber, seine ständige Kontrolle ... Nein, da sträuben sich ihr sämtliche Haare! Bloß weg!

Schütze-Mann und Steinbock-Frau

Eine Herausforderung: Der idealistische Schütze, dem keine Aufregung zu groß und kein Erlebnis zu spannend ist, kann hier erleben, wie anstrengend die mitunter knochentrockene nüchterne und rationale Lebenseinstellung seiner Steinböckin sein kann. Man stelle sich nur vor: Er stürmt nach der Arbeit nach Hause und erzählt der Dame seines Herzens freudestrahlend, dass er in der Mittagspause die lang ersehnte Städtereise – »ein wunderschöner Wochenendtrip!« – nach New York gebucht hat. Ihre Reaktion aber ist zunächst zweifelnd: »Meinst du wirklich – nach New York, nur für ein Wochenende?« Und dann noch zweifelnder: »Hast du dir überlegt, wie teuer das ist? Können wir uns das wirklich leisten?« Und so weiter und so fort… Zum Verzweifeln!

Beziehungspartner Wassermann

Schütze-Frau und Wassermann-Mann

Diese Verbindung steht, rein astrologisch gesehen, unter einem guten Stern. Gerade der Wassermann braucht Freiraum und das Gefühl, über die essenziellen Dinge des Lebens selbst entscheiden zu können. Dabei steht ihm die Schützedame überhaupt nicht im Wege. Genau dies will auch sie, und sie genießt überdies häufig seine unterhaltsame und lockere Art, die ihre Beziehung nicht schwer macht, sondern leicht und luftig.

Schütze-Mann und Wassermann-Frau

Eine vielleicht ideale Verbindung, weil sich der weltoffene Idealismus des Schütze-Mannes harmonisch mit dem Humanismus der Wassermännin verbinden kann. Beide sind äußerst interessiert an Menschen, an Kulturen und neuen Eindrücken, beide Partner sammeln hierdurch neuen Gesprächsstoff, über den sie sich höchst angenehm und ausführlich austauschen können. Überdies lieben beide die eigene Freiheit und pflegen diese Grundeinstellung auch beim Lebenspartner zu akzeptieren.

Beziehungspartner Fische

Schütze-Frau und Fische-Mann

Herr Fisch spürt und fühlt seine Frau, seine Haut ist feinschuppig und verrät ihm ihre leisesten Gemütsbewegungen. Die Schützedame findet das schön und gesteht sich insgeheim ein, seine Feinfühligkeit sehr zu schätzen und zu bewundern. Er ist schon ein ganz besonderes Exemplar! Andererseits können seine Eifersucht, sein stilles Misstrauen und selbst seine ewige Hingabe sie ganz schön in Rage bringen. Nein, viel zu erleben gibt es nach der ersten Zeit häufig nicht mehr mit ihm – und ihre Freiheit kann und will sie nicht aufgeben.

Schütze-Mann und Fische-Frau

Oje, Frau Fisch! Ihr Schütze-Mann will doch nichts anderes, als neue Eindrücke sammeln und einfach etwas erleben. Dabei geht es doch überhaupt nicht um konkurrierende weibliche Exemplare!

Die Fische-Frau aber zweifelt – an seiner Ehrlichkeit, an seiner Beständigkeit und Zuverlässigkeit, vor allem aber an seiner Liebe und der Integrität seiner Gefühle. Das kann schwierig bis unmöglich werden, denn sie neigt sehr zum Klammern. Außerdem ist sie ihm häufig viel zu passiv. Auch einmal gegen den Strom schwimmen? Nein, das ist schwer zu machen mit ihr.

Die Bedeutung des Mondes in der Astrologie

Ebenso wie die Sonne fasziniert auch der Mond die Menschen seit Urzeiten. Für Naturvölker symbolisierten beide Gestirne die Kräfte und Energien, denen der Mensch ausgesetzt ist. Ist die Sonne für die Willenskraft verantwortlich, steht der Mond hingegen für die Intuition, für die emotionalen Energien. Demnach symbolisiert der Mond die weibliche Seite des Menschen, das Gefühl, das »Weiche«. Ebenso steht der Mond für das »innere Kind«, das zeitlebens und während der gesamten Erwachsenenphase in jeder Person lebt.

Jahreszeiten und Mondphasen

Der Mondzyklus dauert im Schnitt 29 Tage. Er wird in vier Phasen unterteilt, von denen jede Periode Ausdruck einer bestimmten Form von Energie ist, vergleichbar mit den Wachstumsphasen einer Blütenpflanze im Lauf der Jahreszeiten. Der zunehmende Mond lässt die Pflanze knospen, bei Vollmond hat sie die ganze Blüte erreicht, bei abnehmendem Mond nähert sie sich dem Zustand des Verwelkens, wogegen sie bei Neumond erneut zu keimen beginnt. Für ein möglichst zuverlässiges Horoskop ist es deshalb von Bedeutung, neben dem Sternzeichen (Sonne), dem Aszendenten (Planeten) und der Kombination des Sternzeichens mit dem Mondzeichen (Mond) auch die Mondphase zu berücksichtigen, in der ein Mensch geboren wurde. Denn die Energie des Mondes zum Zeitpunkt der Geburt kann sich stark auf die Ausprägung der Persönlichkeit auswirken. Die Entsprechung des »Planeten« Mond ist das Sternzeichen Krebs.

Nach innen oder außen gerichtet

Menschen, die in der Vollmondphase und in der Periode des zunehmenden Mondes geboren wurden, sind häufiger extravertiert, also nach außen gerichtet. Menschen hingegen, die bei Neumond oder bei abnehmendem Mond das Licht der Welt erblickten, gelten häufiger als introvertiert, also in sich gekehrt.

Wenn Sie es genau wissen wollen und den möglichst genauen Zeitpunkt Ihrer Geburt kennen, können Sie mithilfe von Mondtabellen die Mondphase, in der Sie geboren wurden, ermitteln. Diese können Sie zum Beispiel im Internet mithilfe von Suchmaschinen unter dem Suchbegriff »Mondphasen-Tabelle« finden.

Der Schütze mit dem Mond im Sternzeichen

Wie die Sonne durchwandert auch der Mond die Sternzeichen. Allerdings wechselt er die Sternzeichen nicht ca. alle 4 Wochen wie die Sonne, sondern alle 2 bis 3 Tage. Unter welchem Mond Sie geboren wurden, können Sie zum Beispiel mithilfe von Suchmaschinen im Internet unter dem Suchbegriff »Mondkalender« herausfinden.

Schütze mit Mond im Widder

Ein fordernder und stürmischer Geist mit einem kräftigen Hang zum Fanatismus! Dabei führt die Impulsivität und Spontaneität des Widder-Mondes mitunter zum Übereifer, der sich in maßlosen Arbeitsleistungen und Übertreibungen in allen Lebenslagen offenbaren kann. Auch zwischenmenschliche Reaktionen können extrem ausfallen, weil der idealistische Schütze das Selbstbewusstsein fördert und die Willensstärke des Widders nach Konsequenz und Selbstverwirklichung sucht. Keine leichten Charaktere, aber starke Persönlichkeiten.

Schütze mit Mond im Stier

Der Stier-Mond hindert die Schützen-Sonne daran, so leicht über das Ziel hinauszuschießen, wie es dem idealistischen und schnell begeisterten Schützen sonst gerne zu eigen ist. Der Stier macht ihn ruhiger, beharrlicher, aber auch behäbiger. Zudem will dieser Schütze seine Ziele und Projekte auch materiell nutzbar machen. Deshalb sondiert er häufig verschiedene Möglichkeiten und legt sich nicht so schnell ins Zeug, um ein bestimmtes Ziel zu erreichen. Auch kann der Schütze im Mond mit Stier besitzergreifender und eifersüchtiger in Liebesdingen reagieren.

Schütze mit Mond im Zwilling

Kommunikation und Unterwegssein: Das sind die Vorlieben dieser Konstellation. Mitunter wirken diese Schützen rastlos oder auch nervös, weil sie kontinuierlich auf der Jagd nach Neuem sind. Ausruhen oder Innehalten? Fehlanzeige! Ständig muss etwas los sein, sonst fühlen sie sich unwohl. Dabei ist oft der Weg das Ziel und die Bewegung wichtiger als die gelungene Bewältigung einer Aufgabe. In Liebesdingen ist man auffallend schnell und hitzig – und manchmal ebenso auffallend schnell wieder abgekühlt.

Schütze mit Mond im Krebs

Diese Konstellation führt nicht selten zu innerer Zerrissenheit, die sich in zum Teil völlig gegensätzlichen Gefühlszuständen äußern kann. Die Schütze-Sonne strebt nach außen, nach Erfahrung und neuen Eindrücken, der Krebs-Mond hingegen ist emotional unsicher und abhängig von Stimmungen der Umwelt. Hier verursacht das Feuer des Schützen, das nach Erweiterung des eigenen Horizonts strebt, mitunter heftige Gefühlsschwankungen, die den Menschen unstet und labil wirken lassen können. Gleichwohl kann der Schütze im Mond mit Krebs mit seinem Liebespartner in einer innigen Beziehung leben.

Schütze mit Mond im Löwen

Bisweilen zeichnet sich hier eine Neigung zur Selbstüberschätzung und zu anmaßenden Ansichten über andere Menschen ab. Der Schütze wähnt sich geistig überlegen, weil er über viel Erfahrung verfügt und ständig nach neuen Eindrücken dürstet, und der Löwe sucht nach Anerkennung und Beachtung. Das ergibt eine starke Mischung, die sich häufig selbst in den Mittelpunkt des Geschehens rückt. Allerdings fallen auch Großherzigkeit und Großmut auf, die im Gegensatz zu Bescheidenheit und Vorsicht beim Umgang mit den eigenen Ressourcen stehen können.

Schütze mit Mond in der Jungfrau

In Sachen Liebe lässt sich dieser Schütze eher vom Verstand als von seinen Gefühlen lenken, denn seine Offenheit und Neugier werden von der analytischen Stärke des Jungfrau-Mondes kontrolliert. Die Neigung der Jungfrau, ins Detail zu gehen und alles möglichst perfekt machen zu wollen, kann überdies bisweilen zu nervösen Zuständen führen und zu Unsicherheit. Menschen dieser Konstellation sind nicht selten ein wenig ängstlich und verfügen nicht über den ansonsten großen Freiheitsdrang.

Schütze mit Mond in der Waage

Diese Schützen zählen zu den sympathischsten und freundlichsten Zeitgenossen, die man sich vorstellen kann. Die Kontaktfreude und das Streben nach Harmonie der Waage verbinden sich mit dem lebensoffenen Optimismus und der angeborenen Neugier des Schützen: eine liebenswerte Kombination! Mitunter kann die Zaghaftigkeit der Waage den Entscheidungsdrang des Schützen bremsen und zu Unentschlossenheit und einer gewissen Labilität führen.

Schütze mit Mond im Skorpion

Eine Neigung zu cholerischen, zumindest aber zu äußerst temperamentvollen Ausbrüchen ist diesen Schützen nicht abzusprechen. Sie sind starke Charaktere: voller Durchsetzungskraft und Willensstärke, deren Antrieb Konsequenz und ein tief verwurzeltes Gefühl des Sich-durchsetzen-Müssens ist. Im Leben können sie viel erreichen, da das mitunter irrlichternde und idealistische Prinzip des Schützen in feste Bahnen gedrängt wird. Seine Spontaneität in Gefühlsdingen kann ihn in emotionale und leidenschaftliche Verwicklungen stürzen, die er in aller Regel jedoch bestehen wird.

Schütze mit Mond im Schützen

Der Mond in der Doppelung mit der Sonne verleiht diesem Schützen etwas sehr Weitschweifendes. Er wirkt häufig ausgesprochen unstet und unbeständig und verfügt mitunter über eine wenig ausgeprägte Bindungsfähigkeit. Offenheit für alles Neue, geistige Beweglichkeit und ein Drang zum Reisen und zum Aufbruch sind vorherrschend. Das innere Wesen dieses Schützen verführt ihn manchmal zur Überhebung über andere, und er glaubt, alles besser zu wissen und tiefer zu verstehen.

Schütze mit Mond im Steinbock

Der gebildete und wissbegierige Schütze verbindet sich mit dem Arbeitseifer und der Disziplin des Steinbocks. Dies schafft leistungsstarke und ambitionierte Persönlichkeiten, die zugleich optimistisch und nicht allzu nüchtern erscheinen. Die rationale Grundhaltung des Steinbocks kann als Korrektiv auf den manchmal überaus großen und blauäugigen Idealismus des Schützen einwirken. Insgesamt gesehen ist dieser Schütze zurückhaltender und vorsichtiger.

Schütze mit Mond im Wassermann

Die vielfältige Auseinandersetzung mit Theorien und Philosophien und mitunter auch eine Neigung zum Spirituellen, Spekulativen, Mystischen und Esoterischen sind diesen Schützen nicht selten zu eigen. Überdies zeichnet sie ein großer Sinn für Gerechtigkeit und Ausgleich der Interessen aus. Ist dies durchaus erdverbunden, vielleicht etwas idealistisch, aber nicht irreal, können andere Menschen manchmal jedoch nicht immer sofort verstehen, was diese Persönlichkeiten bewegt, und so wirken sie bisweilen, besonders auf einfache Gemüter, »exotisch«.

Schütze mit Mond in den Fischen

Die Fische im Mond reduzieren die offene und optimistische Art des Schützen ganz erheblich. Sie zeigen Angst vor Enttäuschung und Verletzung und sind eher vorsichtig. Ihr Sinn für Entdeckungen und Erfahrungen wird von einer bisweilen ausgeprägt melancholischen Grundstimmung gebremst. Andererseits verfügen sie über viel Intuition und können sich gut in andere Menschen hineinversetzen. In Liebesdingen zeigen sie große Gefühle und erwarten das auch von ihrem jeweiligen Partner.

Text: Madelaine Faubert
Illustrationen Umschlag: Silvia Braunmüller
Illustrationen: Silvia Braunmüller; S. 4, 36: Dover
Publications; S. 38: Clipart ETC
Gestaltung: Renate Lehmacher, Atelier Georg
Lehmacher, Friedberg (Bay.), www.lehmacher.de
Printed by Tien Wah Press
ISBN 978-3-7607-3613-6

www.arsedition.de